essentials

essentials liefern aktuelles Wissen in konzentrierter Form. Die Essenz dessen, worauf es als „State-of-the-Art" in der gegenwärtigen Fachdiskussion oder in der Praxis ankommt. *essentials* informieren schnell, unkompliziert und verständlich

- als Einführung in ein aktuelles Thema aus Ihrem Fachgebiet
- als Einstieg in ein für Sie noch unbekanntes Themenfeld
- als Einblick, um zum Thema mitreden zu können

Die Bücher in elektronischer und gedruckter Form bringen das Expertenwissen von Springer-Fachautoren kompakt zur Darstellung. Sie sind besonders für die Nutzung als eBook auf Tablet-PCs, eBook-Readern und Smartphones geeignet. *essentials:* Wissensbausteine aus den Wirtschafts-, Sozial- und Geisteswissenschaften, aus Technik und Naturwissenschaften sowie aus Medizin, Psychologie und Gesundheitsberufen. Von renommierten Autoren aller Springer-Verlagsmarken.

Weitere Bände in der Reihe http://www.springer.com/series/13088

Justus Jeromin · Gabriel Jourdan
Filippa von Nell

Leadership in Organisationen mit reduzierten Hierarchien

Praxiswissen für die Führungsaufgabe

Mit einem Geleitwort von PD Dr. Hermut Kormann

Justus Jeromin
Friedrichshafen, Deutschland

Filippa von Nell
Friedrichshafen, Deutschland

Gabriel Jourdan
Friedrichshafen, Deutschland

ISSN 2197-6708   ISSN 2197-6716   (electronic)
essentials
ISBN 978-3-658-20189-0   ISBN 978-3-658-20190-6   (eBook)
https://doi.org/10.1007/978-3-658-20190-6

Die Deutsche Nationalbibliothek verzeichnet diese Publikation in der Deutschen Nationalbibliografie; detaillierte bibliografische Daten sind im Internet über http://dnb.d-nb.de abrufbar.

Springer Gabler
© Springer Fachmedien Wiesbaden GmbH 2018

Gedruckt auf säurefreiem und chlorfrei gebleichtem Papier

Springer Gabler ist Teil von Springer Nature
Die eingetragene Gesellschaft ist Springer Fachmedien Wiesbaden GmbH
Die Anschrift der Gesellschaft ist: Abraham-Lincoln-Str. 46, 65189 Wiesbaden, Germany

- Überblick drei essentieller Theorien von reduzierten Hierarchien
- Vorstellung möglicher Modelle von reduzierten Hierarchien in der Praxis
- Detaillierte Analyse eines Scrum-Flow-Prozesses
- Untersuchung, wann welche Führung geboten ist
- Konkrete Handlungsempfehlungen für Führung in agilen Organisationen

Geleitwort

Es gehört zum Selbstverständnis der Zeppelin Universität, Friedrichshafen, die Forschung in die Lehre zu integrieren. „Die Zukunft des Managements" ist einer der Schwerpunkte der interdisziplinären Forschung an der Zeppelin Universität. In den Masterprogrammen aller Fakultäten zwischen Wirtschaft, Kultur und Politik werden Kurse zu „Leadership" angeboten. In dem von mir betreuten Kurs entwickelten die Kommilitoninnen und Kommilitonen ihr eigenes Forschungsprogramm. Die Aufgabenstellung bestand darin, vom Standpunkt einer pragmatischen Forschung aus für Berufsanfänger und -aufsteiger Erfahrungen aufzubereiten, die ihnen hilfreich sein können, die Rolle einer oder eines Vorgesetzten zu bewältigen. Dabei schwebte uns nicht vor, die so reichhaltige Berater-Literatur „Wie werde ich Chef oder CEO" zu ergänzen. Der Modellfall der Führungskraft, die wir vor Augen haben, ist die Leiterin oder der Leiter einer Abteilung mit mehreren Mitarbeitern, die oder der selbst eine vorgesetzte Person hat. Unsere Führungskraft gehört zum Mittelbau, der bekanntlich das Rückgrat jeder Organisation ist, der aber auch eine schwierige Stellung zwischen den Wünschen der Mitarbeiter und dem Leistungsdruck „von oben" hat.

Einige Themen, die behandelt werden sollten, wurden von mir vorgegeben. Andere Themen, wozu die hier veröffentlichten gehören, wurden von den Studenten selbst ausgewählt. Die Aufgabenstellung bestand nun darin, in einer Meta-Analyse die Literatur daraufhin zu sichten, welche vermittelbaren Erfahrungen daraus gewonnen werden können. Dabei waren die Theorien, die zur Allgemeinbildung einer Führungskraft gehören sollten, aufzubereiten. Darüber hinaus sollte aber auch die Experten-Literatur herangezogen werden. Natürlich galt es den Stand der Forschung zur Rezeption der Theorien zu referieren und den Geltungsbereich von Expertenempfehlungen kritisch zu würdigen.

Für die Ausarbeitung wurde ein einheitlicher Rahmen vorgegeben. Dieser Rahmen verlangt, dass die Bearbeiterinnen und Bearbeiter in der Zusammenfassung – durchaus aus ihrer subjektiven Sicht – dem Leser drei bis sechs Verhaltensempfehlungen geben und circa sechs Literaturempfehlungen zur vertiefenden Literatur. Die Artikel werden hier so veröffentlicht, wie sie von den Studenten – eventuell nach Berücksichtigung von Korrekturanregungen – geschrieben worden sind.

Diese Arbeiten stellen wir nun unserem idealen Leser vor: Den aufstrebenden Mitgliedern in einer wirtschaftlichen, kulturellen oder staatlichen Organisation, die sich auf eine Führungsposition vorbereiten möchten. Wir wollen ihnen solides Wissen und brauchbare Wegleitungen für das Selbststudium anbieten. Ich selbst hätte mir zum Beginn meiner beruflichen Laufbahn eine solche breitere Übersicht gewünscht.

PD Dr. Hermut Kormann
Honorar-Professor
Zeppelin Universität
Strategie und Governance von Familienunternehmen
Friedrichshafen, Deutschland

Inhaltsverzeichnis

1 Einleitung 1
Gabriel Jourdan

2 Theorie und Praxis von Leadership-Konzepten mit reduzierten Hierarchien 3
Justus Jeromin
2.1 Überblick 3
2.2 Theoretische Konzepte reduzierter Hierarchien. 3
2.3 Praktische Ansätze 11
2.4 Abschließende Betrachtung 13

3 Scrum – die agile Projektmanagementmethode 15
Filippa von Nell
3.1 Eine Übersicht über den Scrum-Flow 16
3.2 Projektrollen 18
3.3 Artefakte. 21
3.4 Besprechungen 22
3.5 Vorteile und Nachteile von Scrum 24

4 Diskussion 27
Gabriel Jourdan

5   Take Away Messages 29
Gabriel Jourdan
     5.1   Vertraue deinen Mitarbeitern und dem Framework 30
     5.2   Wähle deine Mitarbeiter mit Bedacht aus 31
     5.3   Sei wandelbar – die Organisation ist es auch 32
     5.4   Sorge dafür, dass Werte verfügbar sind 33

Literatur 37

Einleitung

Gabriel Jourdan

„Nieder mit der Hierarchie, es lebe das Volk!" – So oder so ähnlich könnte der Wahlspruch der aktuellen Bewegung sein, die sich weltweit und branchenübergreifend in Organisationen, ob nun dem hippen Technologie-Start-up aus dem Silicon Valley oder dem traditionellen deutschen Mittelständler, beobachten lässt. Digitalisierung und Globalisierung wirken als externe Einflussfaktoren wegweisend für die Neuausrichtung von Unternehmenskulturen. Wo bis vor einigen Jahren noch steile Hierarchien mit langen Entscheidungswegen an der Tagesordnung waren, dominieren heute andere Strukturen: Der Trend geht eindeutig hin zu flachen oder zumindest reduzierten Hierarchien und zeigt sich in einer Vielzahl von Ausprägungen von dem rein demokratisch organisierten Unternehmen bis hin zu Frameworks für agile Softwareentwicklung wie Scrum oder Kanban (Kastelle 2013). Die Vorteile liegen bei korrekter Umsetzung auf der Hand: Klare Rollenverteilung und der Fokus auf nutzer- und kundenorientierte Entwicklung ermöglichen eine hoch effiziente Arbeitsweise, bei der die Entwicklungszyklen stark verkürzt werden. Selbstorganisation und Eigenverantwortung werden zu neuen Buzzwords und öffnen auch in traditionellen Großkonzernen die Tür für High Potenzials, die lieber eigene Ideen verwirklichen, als sich unterzuordnen. Leadership im klassischen Sinne scheint hier also fehl am Platz zu sein. Doch stimmt es, dass man bei reduzierten oder flachen Hierarchien keine Führung mehr benötigt oder braucht man sie gerade dann mehr denn je? Das vorliegende *essential* soll diese Frage beantworten, indem der Scrum-Flow-Prozess einer detaillierten Analyse unterzogen wird und die einzelnen Elemente des Frameworks daraufhin untersucht werden, ob und – wenn ja – welche Führung geboten ist. Zunächst

© Springer Fachmedien Wiesbaden GmbH 2018
J. Jeromin et al., *Leadership in Organisationen mit reduzierten Hierarchien,*
essentials, https://doi.org/10.1007/978-3-658-20190-6_1

richten die Autoren im ersten Teil den Blick auf die verschiedenen Stile von Führung und argumentieren zusammenfassend, welcher der richtige für das Führen in einer Organisation mit reduzierten Hierarchien ist oder ob es überhaupt „den Einen" geben kann. Abschließend widmet sich dieses *essential* einigen konkreten Handlungsempfehlungen, die Ihnen als Leitfaden dienen sein sollen, um in einer agilen Organisation mit flachen, reduzierten Hierarchien zu führen.

Theorie und Praxis von Leadership-Konzepten mit reduzierten Hierarchien

2

Justus Jeromin

2.1 Überblick

Derzeit herrscht in Theorie und Praxis rege Diskussion darüber, ob die ehedem bewährten Formen der Strukturorganisation und des dort praktizierten Führungsstils noch genügen, um den hochdynamischen Herausforderungen der Entwicklung von Technologie und Märkten gerecht zu werden. Ausdruck dieses Umdenkens weg vom formalen, leistungsorientierten und hierarchiebasierten Führungsstil sind beispielsweise die Veröffentlichungen von Bernard M. Bass, Brian Robertson und Frederic Laloux. Obwohl sich die Konzepte dieser (und vieler weiterer) Autoren grundsätzlich voneinander unterscheiden, haben sie doch eine elementare Gemeinsamkeit: die Reduktion von hierarchischen Strukturen. Genau diesem zentralen Punkt widmet sich dieses Kapitel. Die theoretischen Grundlagen werden erläutert und praktischen Beispiele gegenübergestellt, die das Potenzial, aber auch die Probleme flacher Hierarchien verdeutlichen sollen. Dabei sollen vor allem die Leadership-Konzepte der drei oben genannten Autoren exemplarisch dargelegt werden, da diese aufgrund ihrer Relevanz in Forschung und Praxis von besonderer Bedeutung sind.

2.2 Theoretische Konzepte reduzierter Hierarchien

2.2.1 Transformational Leadership

Der Begriff „Transformational Leadership" wurde das erste Mal von James V. Downton (1973) benutzt und von James MacGregor Burns (2003) ausgebaut und erklärt. Obgleich Bass den Begriff also nicht begründete, ist sein Name heute wohl enger mit dem Begriff verbunden, als der jedes anderen Leadership-Forschers.

© Springer Fachmedien Wiesbaden GmbH 2018

J. Jeromin et al., *Leadership in Organisationen mit reduzierten Hierarchien,*
essentials, https://doi.org/10.1007/978-3-658-20190-6_2

Bass prägte das Konzept des Transformational Leadership maßgeblich mit seinem Fokus auf dessen Messung und den Einfluss auf die Mitarbeiter. Er definiert Transformational Leadership dabei als Gegenbegriff zum sog. „Transactional Leadership", bei dem das Verhältnis zwischen Manager und Mitarbeiter auf Transaktionen beruht: Dies sind die Anforderungen an die Leistung eines Mitarbeiters und diese Vergütung erhält er, wenn er sie erfüllt. Bei Nichterfüllung der erwarteten Leistung erfolgen Sanktionen. Bass (1990, S. 20) bezeichnet den Fokus auf Transactional Leadership als Anleitung zur Mittelmäßigkeit. Diese Kritik begründet er darauf, dass beim Transactional Leadership häufig nur auf Missstände und unerfüllte Maßgaben reagiert wird, statt (zukünftige) Fehlerquellen aktiv zu suchen und zu beseitigen, bevor sie Probleme aufwerfen. Insgesamt zeichnet sich dieser Führungsstil durch die Vermeidung von Verantwortung und proaktiver Entscheidungen sowie seinen Fokus auf Leistung und formale Regeln aus (ebd., S. 22).

Bass behauptet, Transformational Leadership sei Transactional Leadership überlegen. Er betont allerdings auch, dass beide Führungsstile sich nicht ausschließen müssen. Im Gegensatz zu Transactional Leadern erweitern Transformational Leader ihre Prioritäten um die Interessen ihrer Mitarbeiter und schaffen ein Gemeinschaftsgefühl, das die kurzfristigen Individualinteressen dem langfristigen Interesse der Gruppe unterordnet.

Dies erreichen Transformational Leader durch vier zentrale Merkmale:

1. *Charisma.* Dieses schafft Identifikationspotenzial zwischen dem Leader, seiner Vision und Mission und seinen Mitarbeitern. Ein charismatischer Leader trägt außerdem zu einem größeren Vertrauensverhältnis, Ausmaß an Motivation, Respekt und Stolz auf das eigene Werk unter den Mitarbeitern bei.
2. *Inspiration.* Wichtige Anliegen vermittelt ein Transformational Leader auf einfache Weise. Er weiß um den Wert von Symbolen, um Bedeutungen zu verdeutlichen, und kommuniziert deutlich die hohen Erwartungen an seine Mitarbeiter.
3. *Intellektuelle Stimulation.* Die Vorgehensweise im Transformational Leadership basiert auf Rationalität. Neue Herangehensweisen an alte Probleme sowie kritisches und analytisches Denken werden hervorgehoben und gefördert.
4. *Individuelle Zuwendung.* Ein Transformational Leader schenkt den individuellen Unterschieden seiner Mitarbeiter Beachtung. Solchen, die Hilfe brauchen, dient er als Mentor, um ihr Potenzial zu entfalten; andere, die bereits erfolgreich sind, fordert er hingegen mit anspruchsvollen Aufgaben.

Beim Transformational Leadership stehen also nicht mehr nur die Leistung und die formalen Vorgaben im Mittelpunkt. Vielmehr kommt den Werten, der Integrität und der Vision des Teams eine zentrale Bedeutung zu (siehe Abb. 2.1).

Transactional Leadership	Transformational Leadership

Contingent Reward:
  | Rewards for efforts (contract)
  | Rewards for good performance (promise)
  | Accomplishments (recognition)
	Charisma:
	  | Provision of vision & sense of mission
	  | Promotion of pride
	  | Leader gains respect and trust

Management by Exception (active):
  | Search for deviations from rules and standards
  | Corrective action
	Inspiration:
	  | Communication of high expectations
	  | Usage of symbols to focus on efforts
	  | Expression of important purposes in simple ways

Management by Exception (passive):
  | Intervention only if standards are not met
	Intellectual Stimulation:
	  | Promotion of intelligence, rationality and careful problem solving

Laissez-Faire:
  | Abdication of responsibilities
  | Avoidance of decision making
	Individualized Consideration:
	  | Personal attention
	  | Individual treatment of each team member
	  | Acts as a coach and advisor

➔ **Focus on performance and formal rules**	➔ **Focus on values, integrity, mission and vision**

Abb. 2.1 Merkmale von Transactional und Transformational Leadership. (Quelle: Wieland 2016, S. 11, in Anlehnung an Bass 1990, S. 22)

2.2.2   Holokratie

Das Konzept der „Holokratie" (engl. „Holacracy") ist noch recht neu. Es stammt von Brian Robertson, der den Begriff 2015 erstmals in seinem Werk „Holacracy: The Revolutionary Management System that Abolishes Hierarchy" beschrieb. Das Leadership-Modell der Holokratie entspricht einem sehr konkreten und ausführlichen Regelwerk. Der grundlegende Aufbau ist in Form der sogenannten Holokratie-Verfassung beschrieben. Sie besteht aus fünf Artikeln, die im Folgenden knapp zusammengefasst werden[1]:

- *Artikel 1:* An die Stelle einer statischen Jobbeschreibung treten eine oder mehrere Rollen, die eine Person ausfüllt. Diese sollen den Vorteil haben, dass ihnen explizite Funktionen zugrunde liegen. In jedem Kreis (für das Konzept

---

[1]Für die vollständige, fast 40 Seiten umfassende Ausgabe der Verfassung siehe HolacracyOne (2015).

der Kreise s. Artikel 2) gibt es beispielsweise einen gewählten Moderator (engl. „facilitator"), der bei der Verhandlung von Vorschlägen als vermittelnde Figur tätig wird (für den Ablauf in einem solchen Fall s. Artikel 3). Ein weiteres Beispiel für eine Rolle sind sog. „cross links". Dies sind einzelne Personen oder Personengruppen, die auf Einladung Mitglied in mehreren Kreisen sind (bezüglich des Konzepts der Kreise s. Artikel 2). Grundsätzlich hat ein Mitarbeiter zunächst jedwede Autorisation, die Maßnahmen zu ergreifen, die er für notwendig hält, um seine Rolle zu erfüllen. Diese Vollmacht endet in den Rollen anderer Mitarbeiter und lässt sich weiterhin durch Regeln einschränken, auf die sich die Mitglieder der Organisation verständigt haben. Diese werden prinzipiell ad hoc getroffen.

- *Artikel 2:* Die Organisation ist in Kreisen (engl. „circles") strukturiert. Ein Kreis umfasst mehrere Rollen. Die klassische Befehls- und Kontrollstruktur soll so ersetzt werden, da Robertson diese als unnötig bürokratisch und ineffizient wahrnimmt. Die Befugnisse werden also nicht von oben nach unten delegiert, sondern in Form dieser Kreise und Sub-Kreise in der Organisation verteilt (für eine Veranschaulichung des Konzepts siehe Abb. 2.2).

- *Artikel 3:* Für die Entscheidungsfindung ist ein klar definierter Governance-Prozess vorgesehen, der basisdemokratisch anmutet. Alle Mitglieder eines Kreises können jederzeit Änderungen für die derzeitige Kreis-Organisation (engl. „Governance") vorschlagen (engl. „proposal"). In Governance-Meetings haben nun alle anderen Mitglieder die Möglichkeit, Einspruch (engl. „objection") gegen diesen Vorschlag zu erheben. Sowohl für Vorschläge als auch für Einsprüche gelten diverse Kriterien, die eingehalten werden müssen. So muss der Vorschlagende etwa logisch darlegen können, inwiefern sein Vorschlag in der Vergangenheit ein Problem gelindert oder gelöst hätte. Ähnliches gilt für Einsprüche. Ein Vorschlag wird nur dann Teil der Kreis-Governance, wenn keine Einsprüche (mehr) erhoben werden.

- *Artikel 4:* Für den betrieblichen Ablauf gelten bestimmte Pflichten (engl. „duties") für alle Mitarbeiter. So etwa die Pflicht zur Transparenz (engl. „duty of transparency"), die Mitglieder dazu anhält, anderen bei Anfragen zu bestimmten Bereichen Auskunft zu geben. Auch sind Mitglieder dazu verpflichtet, Nachrichten und Anliegen schnellstmöglich weiterzuleiten (engl. „duty of processing"). Schließlich gilt eine Pflicht der Priorisierung (engl. „duty of prioritization"), die eine grundlegende Reihenfolge für zu bearbeitende Aufgaben vorsieht (Beispiel: Kreis-Treffen sind gegenüber der Ausführung eigener Arbeiten Vorzug zu geben).

- *Absatz 5* spezifiziert den Ablauf des Übergangs zum Holokratie-System und sieht einen sog. Anker-Kreis vor, der den übergreifenden Zweck (engl. „overall purpose") der Organisation vertritt.

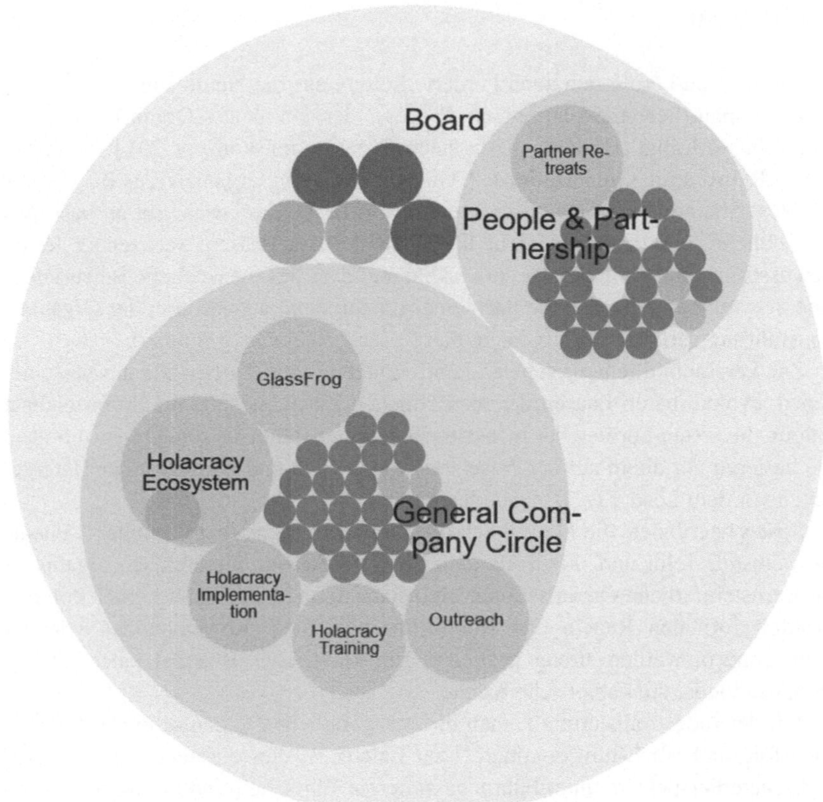

Abb. 2.2 Ein komplexes Holokratie-System am Beispiel des Unternehmens HolacracyOne: Die wabenartig angeordneten Punkte stellen die Rollen der einzelnen Mitarbeiter dar, die umschließenden Blasen Kreise und Sub-Kreise. (Quelle: HolacracyOne 2016b)

Eine der Absichten der Holokratie ist es, durch häufige kleine Kurskorrekturen herkömmliche, umfassende Grundsatzplanungen zu ersetzen, die ansonsten alle paar Jahre stattfinden und einen hohen bürokratischen Aufwand verursachen. Ein Argument Robertsons ist der Verweis auf die Natürlichkeit seines Holokratie-Systems. Auch in Organismen würden Prozesse kontinuierlich und nicht schlagartig ablaufen. Ebenso wenig existierten zentrale Steuerungs- oder Kontrollzellen (Management), die die einwandfreie Funktion einzelner Zellen gewährleisten müssten.

2.2.3 Teal

Wie Robertson beruft sich auch Frederic Laloux auf die Natur. Ihm zufolge gibt es einen natürlichen evolutionären Prozess, der ein neues Organisationsparadigma hervorbringt. Er stellt dieses neue Organisationskonzept 2014 in seinem Buch „Reinventing Organizations: A Guide to Creating Organizations Inspired by the Next Stage in Human Consciousness" vor. In diesem beschreibt er, dass sich menschliche Gesellschaften nicht linear, sondern in Phasen wachsender Reife, Bewusstseins und Komplexität entwickeln und dass das menschliche Bewusstsein eine Schwelle erreicht hat, die nach einer fundamental neuen Form der Organisationsführung verlangt. Laloux nennt diese „Teal" (dt. cyan, grünblau).

Zur Versinnbildlichung seiner Theorie nutzt Laloux Farben für die verschiedenen, evolutionären Phasen der menschlichen Zusammenarbeit.[2] So bezeichnet Laloux die ersten Formen der menschlichen Organisation als rote Organisationen. Sie basieren vor allem auf der Ausübung von Gewalt und der Angst der Untergebenen vor dem Leader (z. B. Stammesführer).

Später begründete die Menschheit die bernsteinfarbene (engl. „amber") Ebene, die Selbstdisziplin und -kontrolle einbezieht und streng hierarchisch organisiert ist. Bernsteinfarbene Organisationen sind statisch und basieren auf einer Befehlsstruktur, formalen Regeln und Kontrollmechanismen. Abweichungen von der Gruppennorm werden streng geahndet. Ein klassisches Beispiel einer solchen Organisation ist die katholische Kirche.

Mit der Industrialisierung kamen die orangefarbenen Organisationen. Sie sind an Erfolg und Wachstum orientiert. Laut Laloux ist dies die heute am weitesten verbreitete Perspektive unter Führungskräften in Wirtschaft und Politik. Die meisten großen und multinationalen Unternehmen seien heute orange organisiert. Zwar sei diese Organisationsform bedeutend mitverantwortlich etwa für gestiegenen Wohlstand und eine drastisch gestiegene Lebenserwartung in der industrialisierten Welt, aber sie habe auch einen Hang zur kurzfristigen Orientierung, Gier, zu Überkonsum und rücksichtsloser Ausbeutung des Planeten (Laloux 2014, S. 24 f.).

Die grüne Stufe der Organisation betont weniger den Wettbewerb als die Kooperation. Sie strebt nach Gleichheit, Solidarität und Toleranz. Ein elementares Kernelement grüner Organisationen ist soziale Verantwortung. Sie möchten nicht

---

[2]Laloux' Farbschema basiert auf Wilber (2000, S. 48 ff.). Laloux gibt einen kurzen Überblick über die Grundlage. Wilbers und Laloux' daraus hervorgehende Einordnung in Laloux (2014), S. 13 ff.

nur den Shareholdern, sondern allen Stakeholdern nutzen. Grüne Leader haben ihren Führungsstil um „weiche Aspekte" – Werte, Organisationskultur, Teamwork u. a. – erweitert und diese zu zentralen Bestandteilen erhoben.

Seit einiger Zeit sei neben diesen Organisationsstilen ein neuer zu beobachten: Die Teal-Organisation (zur Veranschaulichung der Merkmale der einzelnen Organisationsstufen siehe Abb. 2.3). Deren Leader zeichneten sich durch Achtsamkeit, Rücknahme des eigenen Geltungsbedürfnisses, Mut, Integrität und die Entwicklung einer Ethik des gegenseitigen Vertrauens aus. Laloux hat nach Beispielen für solche Unternehmen gesucht und stellt in seinem Buch einige davon vor, die die Teal-Merkmale in besonders anschaulicher Weise erfüllen. Dabei inkludiert

Exhibit 1: Evolutionary Breakthroughs in Human Collaboration

Color	Description	Guiding Metaphor	Key Breakthroughs	Current Examples
RED				
	Constant exercise of power by chief to keep foot soldiers in line. Highly reactive, short-term focus. Thrives in chaotic environments.	Wolf pack	• Division of labor • Command authority	• Organized crime • Street gangs • Tribal militias
AMBER				
	Highly formal roles within a hierarchical pyramid. Top-down command and control. Future is repetition of the past.	Army	• Formal roles (stable and scalable hierarchies) • Stable, replicable processes (long-term perspectives	• Catholic Church • Military • Most government organizations (public school systems, police departments)
ORANGE				
	Goal is to beat competition; achieve profit and growth. Management by objectives (command and control over what, freedom over how).	Machine	• Innovation • Accountability • Meritocracy	• Multinational companies • Investment banks • Charter schools
GREEN				
	Focus on culture and empowerment to boost employee motivation. Stakeholders replace shareholders as primary purpose.	Family	• Empowerment • Egalitarian management • Stakeholder model	Businesses known for idealistic practices (Ben & Jerry's, Southwest Airlines, Starbucks, Zappos)
TEAL				
	Self-management replaces hierarchical pyramid. Organizations are seen as living entities, oriented toward realizing their potential.	Living organism	• Self-management • Wholeness • Evolutionary purpose	A few pioneering organizations (see "Examples of Teal Management")

Source: Frederic Laloux, *Reinventing Organizations* (Nelson Parker, 2014)

Abb. 2.3 Übersicht über die Merkmale der Organisationsstufen nach Laloux. (Quelle: Laloux 2015, S. 71)

er auch das Holokratie-Konzept als Teal-Organisationsform. Ihnen allen gemein wären drei fundamentale Charakteristika:

1. *Self-Management.* Die Strukturen in Teal-Organisationen bieten den einzelnen Mitarbeitern hohe Autonomie innerhalb ihrer Domäne. Sie sind für die Organisation der Zusammenarbeit mit ihren Kollegen selbstständig verantwortlich. Macht und Kontrollmechanismen sind nicht auf einige hochrangige Leader beschränkt, sondern über die gesamte Organisation verteilt.
2. *Ganzheit* (engl. „wholeness"). Anders als etwa Orange- oder Grün-Organisationen fordern Teal-Organisationen ihre Mitarbeiter dazu auf, sich am Arbeitsplatz nicht nur in der Dimension als professioneller Mitarbeiter zu verstehen. Dies führe sonst dazu, dass Dominanz und Stärke dominierten und Zweifel und Verletzbarkeit nicht zugelassen würden. Teal-Leader entwickelten hingegen Praktiken, die es erlaubten und förderten, dass Mitarbeiter ihre gesamte Persönlichkeit einbringen können.
3. *Ein evolutionärer Organisationszweck* (engl. „evolutionary purpose"). Teal-Organisationen richten ihre Vorgehensweise danach aus, was ihre Umwelt von ihnen einfordert. Dies macht eine aktive Wahrnehmung und flexible und agile Methoden notwendig, weil die Organisation schnell auf sich wandelnde Verhältnisse reagieren können soll.

2.2.4 Einordnung des Verhältnisses der drei Konzepte zueinander

Obwohl die drei Konzepte Transformational Leadership, Holokratie und Teal unabhängig voneinander entwickelt wurden, weisen sie einige Gemeinsamkeiten auf. Auf einen für diese Arbeit wesentlichen Aspekt – die reduzierten Hierarchien – wurde bereits aufmerksam gemacht. Diese Gemeinsamkeiten sind nicht zufällig. Wie im Absatz zu Teal erwähnt, beschreibt das Konzept von Laloux kein eigenständig entwickeltes Leadership-Modell. Stattdessen ordnet Laloux den beobachteten Trend der Verschiebung von Leadership-Paradigmen in den geschichtlichen Kontext ein und identifiziert Gemeinsamkeiten von Pionier-Unternehmen. Zu Laloux' Konzept gehört dabei auch das von Robertson entwickelte Konzept der Holokratie (2015, S. 58). Dennoch wäre eine Arbeit über reduzierte Hierarchien ohne die Erwähnung von Laloux nicht vollständig. Sein Beitrag besteht dabei in der umfassenden Analyse und Charakterisierung postmoderner Unternehmen, die neue Aspekte einbringen und neue Schwerpunkte setzen.

Eine Abgrenzung der beiden Begriffe Holokratie und Teal ist daher nicht ohne Weiteres möglich. Auch eine klare Unterscheidung der beiden Begriffe zum

Transformational Leadership ist schwierig. So stimmen Holokratie und Transformational Leadership nicht nur in ihrer Reduktion klassischer Hierarchiestrukturen überein (wobei diese Reduktion in der Holokratie drastischer ausfällt), sondern auch weitere Überschneidungen fallen auf: Gruppeninteressen treten vor die des Individuums, die kurzfristige Perspektive weicht der langfristigen, Mitarbeiter werden individuell geführt, Werte und Vision erfahren eine zunehmende Bedeutung und die Führungsstile werden um Faktoren erweitert, die nicht ausschließlich auf Vernunft basieren: Charisma und Inspiration (Transformational Leadership) bzw. Emotionalität oder sogar Spiritualität (Holokratie). Dennoch handelt es sich um zwei recht unterschiedliche Konzepte. Der größte Kontrast ist dabei wohl die grundsätzlich unterschiedliche Verfasstheit beider Entwürfe, deren Ursache in ihrer jeweiligen Entstehung liegt. Bass' Konzept von Transformational Leadership ist eine deskriptive und theoretische Formulierung. Ähnlich wie Laloux hat er eine Tendenz unter Führungspersönlichkeiten beobachtet und diese analysiert und charakterisiert. Robertson hingegen hat sein Holokratie-System über mehrere Jahre praktisch entwickelt, es auf die direkte Anwendung in Firmen ausgerichtet und entsprechend bis ins Detail formuliert. Seit einigen Jahren bietet er mit seiner gegründeten Firma „HolacracyOne" Trainings und Lizenzen zur Implementierung von Holokratie an.

2.3 Praktische Ansätze

Laut HolacracyOne (2016a) nutzen weltweit ca. 500 Unternehmen derzeit das Holokratie-Modell als Organisationsform. HolacracyOne betont, dass das Modell auf jede Form von Unternehmen angewandt werden könne. Die dort aufgeführten Beispielunternehmen scheinen diese Aussage zu stützen: Unter ihnen sind Unternehmen aus dem Immobiliensektor, der Werbebranche, der IT, der chemischen Industrie oder dem Einzelhandel.

Das bekannteste Holokratie-Unternehmen ist wahrscheinlich der US-amerikanische Online-Schuhverkäufer „Zappos". Seit 2013 hat dieser sein Organisationssystem sukzessive auf Holokratie umgestellt. Zappos ist seit seiner Gründung für eine unorthodoxe Führungs- und Unternehmenskultur bekannt. Geschadet hat es dem Unternehmen bis dato nicht: 2009 fand es zum ersten Mail Einzug in die Liste der „100 Best Companies to Work For" (damals auf Platz 23) (Fortune 2009). Die Liste erscheint jährlich im US-amerikanischen Magazin Fortune und basiert auf Mitarbeiterzufriedenheit und den Sonderleistungen, die diese erhalten. Zwischenzeitlich brachte es das Unternehmen auf Platz 6 im Jahr 2011 (Fortune 2011). Parallel zur Einführung des Holokratie-Systems ging es die Rangliste dann immer weiter nach unten: 2015 landete Zappos auf Platz 86 (Fortune 2015), 2016 war das Unternehmen zum ersten Mal seit 2009 nicht mehr in der Liste vertreten. Im Vergleich fielen die Angaben der Mitarbeiter bei zwei Fragen besonders schlecht aus: „Denken Sie, das Management hat eine klare Vorstellung davon, wohin das Unternehmen steuert und wie es dorthin gelangt?" und „Vermeidet das Management die Bevorzugung einzelner Mitarbeiter?" (Reingold 2016). Vor der Einführung von Holokratie war Zappos für seine kreativ-chaotische Kultur bekannt, vielleicht stieß die Implementierung des detaillierten Regelwerks deshalb zunächst nicht auf sonderlich viel Gegenliebe unter den Mitarbeitern. Einige kritisierten beispielsweise die Ungewissheit und die Vorzugsbehandlung Einzelner, die mit dem Selbstmanagement-System gekommen seien (ebd.).

Dies allein dem System der Holokratie zuzuschreiben, wäre aber möglicherweise zu kurz gegriffen. 2014 hat Zappos seine Verkaufsstrategie verändert. Gleichzeitig begann das Unternehmen seine Software im großen Maßstab umzustellen und mit dem Mutter-Konzern Amazon zusammenzulegen (ebd.). Schließlich führte Tony Hsieh, der langjährige CEO von Zappos, einen weitergehenden Abbau der Hierarchien ein, indem er sich an Laloux' Teal-Konzept orientierte und das implementierte Holokratie-System um Elemente von Laloux erweiterte. Bei der Einführung bot Zappos allen Mitarbeitern die Möglichkeit, das Unternehmen mit einer großzügigen Abfindung verlassen zu können, wenn sie das neue System nicht befürworten. Das Angebot aus dem Jahr 2015 nahmen 18 % der Belegschaft an, weitere 11 % gingen im selben Jahr ohne Abfindung (ebd.).

Größere Probleme noch als Zappos hatte die Online-Publishing-Plattform Medium mit Holokratie: Im März 2016 trennte sich das Unternehmen nach vier Jahren von dem Konzept. Einerseits hätten die internen Diskussionen und Auseinandersetzungen das Unternehmen viel Zeit gekostet, andererseits hätten auch Bewerber aufgrund von Missverständnissen negativ reagiert (Doyle 2016).

Doch auch jenseits von Holokratie gibt es mittlerweile einige bemerkenswerte Beispiele für Unternehmen, die ihre Leadership-Struktur deutlich um hierarchische Strukturen reduziert haben. Das wahrscheinlich markanteste hiesige Beispiel ist das Hamburger Getränkekollektiv „Premium". Bei Premium werden alle Entscheidungen konsensdemokratisch getroffen. Eine Vorgehensweise, die Inhaber Uwe Lübbermann vor allem zu Beginn als sehr zeitaufwendig beschrieben hat (Lübbermann 2015). Ähnlich dem Holokratie-Prinzip werden Oberziele gemeinsam festgelegt, Themen vorgeschlagen, diskutiert und schließlich Beschlüsse gefasst. Premium besteht allerdings schon länger als Brian Robertsons Konzept. Auch sind die Vorgaben deutlich weniger formell, um sie intuitiver zu gestalten. Nur für außergewöhnliche Situationen, in denen unter den über 1600 gewerblichen Partnern und tausenden Endkunden kein Konsens zustande kommt, gibt es die Möglichkeit, dass Lübbermann als zentraler Moderator und offizieller Inhaber Not-Entscheidungen treffen kann und einzelne Mitglieder (z. B. im Fall von Diebstählen) notfalls gemeinschaftlich ausgeschlossen werden dürfen (beides kam in der bisherigen 15-jährigen Geschichte des Netzwerks jeweils zweimal vor) (ebd.). „Ideelle Zutaten" des Kollektivs sind u. a. Aufrichtigkeit und Konsequenz, mit denen die zentralen Werte Nachhaltigkeit, Fairness und vor allem die Gleichwertigkeit aller Beteiligten (Zulieferer, Produzenten, Spediteure, Händler, Endkunden) verfolgt werden (Premium 2016). So haben nicht nur alle Stakeholder grundsätzlich Mitsprache- und Entscheidungsrecht, sondern erhalten auch pro Flasche denselben Anteil vom Umsatz (Zuschläge gibt es bei Kindern und Behinderungen). Gewinn wird nicht erwirtschaftet. Um Flexibilität zu gewährleisten, wird auf Verträge – soweit es geht – verzichtet.

Mit der Zeit ist als Unternehmenszweck die Getränkeproduktion immer mehr in den Hintergrund getreten, stattdessen rückte der Anspruch in den Vordergrund den Beweis anzutreten, dass eine Produktion auch auf alternativem Wege und mit besserem Gesamtergebnis organisiert werden kann, als es mit einem herkömmlichen Wirtschaftsmodell möglich ist (Lübbermann 2015). Deshalb ist Lübbermann auch tatkräftig dabei, das Premium-Modell über Vorträge bekannter zu machen. Es bestehen auch mehr oder minder lose Kontakte zu weiteren Getränkeherstellern, die ähnlich sozial verantwortlich produzieren möchten.

Es existieren unzählige weitere Individuallösungen, um reduzierte Hierarchien zu etablieren: Beim Textilunternehmen „W.L. Gore & Associates" etwa wird die Präsidentin von allen Mitarbeitern gewählt (Werner und Zepelin 2016, S. 32). Bei der US-amerikanische Brauerei „New Belgium Brewing" sind sämtliche Aktien des Unternehmens im Besitz der Mitarbeiter (Goodman 2015). Die schon seit 1956 bestehende „Mondragón Corporación Cooperativa" ist die größte Genossenschaft und eines der größten Unternehmen Spaniens. Bei diesem Konzern mit mehr als 70.000 Mitarbeitern sind die Beschäftigten direkt am Grundkapital und Gewinn des genossenschaftlichen Unternehmensverbundes beteiligt, Entscheidungsprozesse werden teilweise demokratisch beschlossen und die Führungskräfte verdienen maximal das Achtfache der einfachen Angestellten (Holl 2011). Der Musik-Streaming-Dienst „Spotify" ist in kleinen, interdisziplinären Gruppen organisiert, interne Hierarchien existieren nicht (Ramge 2015).

2.4   Abschließende Betrachtung

An praktischen Beispielen, erfolgreichen wie weniger erfolgreichen, mangelt es also nicht. Bleibt die Frage, unter welchen Bedingungen reduzierte Hierarchien funktionieren. Holokratie-Erfinder Robertson (Robertson 2015) selbst sagt, es gebe gute Argumente für Hierarchien: Linienführung (engl. „alignment"), Accountability und Skalierung beispielsweise. Sie führten aber ebenfalls zu unnötiger und lähmender Bürokratie. Auch Laloux (2015) kritisiert: „In der heutigen, sich schnell ändernden, wissensbasierten Wirtschaft hat sich dieses statische top-down-Konzept von Management als ineffizient erwiesen; es vergeudet das Talent, die Kreativität und Energie der meisten Menschen in diesen Organisationen." Auch schreibt Laloux zu grünen Systemen, dass die Aufrechterhaltung dieser bei allen Vorteilen recht aufwendig sein, da beispielsweise häufige Debatten oder unterschwellige Machtkämpfe Ressourcen beanspruchen würden. Außerdem müsse beständig „in das Training und die Kultur der Organisation investiert werden" (ebd.).

Wie einige enttäuschte ehemalige Zappos-Mitarbeiter oder Andy Doyle (2016) von Medium konstatieren, kann die Anwendung von Holokratie aber zu lähmenden Debatten führen, die dem Unternehmenszweck ähnlich einer aufgeblähten Bürokratie entgegenstehen. Des Weiteren lässt sich Robertsons geschäftliches Interesse an der Verbreitung seines Systems kritisieren, schließlich ist dies das Geschäftsmodell seines Unternehmens HolacracyOne. Laloux (2016) allerdings bietet sein Buch mittlerweile zu einem vom Käufer individuell wählbaren Preis an.

Die US-amerikanische Politikwissenschaftlerin Jo Freeman wies darüber hinaus schon Anfang der 70er auf die Risiken sehr informeller Strukturen hin. Sie kritisiert, dass sich ohne hierarchische Führung eine informelle Machtdynamik entwickelt, die Leute entsprechend ihrer Beliebtheit und nicht ihrer Kompetenz bevorzugt (Freeman 1972, S. 157). Einige ehemalige Zappos-Mitarbeiter verließen das Unternehmen genau aus diesem Grund (Reingold 2016).

Alles in allem gibt es zahlreiche Beispiele von Unternehmen, die mit flachen Hierarchien sehr erfolgreich geführt werden. Einige Pioniere wie Mondragón und Gore sogar schon seit Jahrzehnten. Dennoch sollte man deshalb nicht dem Trugschluss erliegen, dass ein solches System überall implementierbar sei. Laloux weist entsprechend darauf hin, dass einzelne Formen der Organisation anderen nicht unterlegen sind – es komme maßgeblich auf den Kontext an. Siehe man sich beispielsweise in einem Bürgerkrieg mit Verbrechern konfrontiert, die das eigene Haus angreifen, sei das rote Paradigma durchaus die geeignete Wahl. In Zeiten des Friedens wiederum sei eine solches Verhalten hingegen wenig zielführend (Laloux 2014, S. 38). Laloux argumentiert damit entgegen Robertsons Anschauung, dass etwa das Holokratie-Modell grundsätzlich für jede Form von Unternehmen geeignet ist (HolacracyOne 2016a). Eine Armee mit Holokratie-Organisation etwa scheint nicht vorstellbar.

So vielfältig wie die Rahmenbedingungen sind auch die individuellen Lösungen in hierarchiereduzierten Organisationen. Es gibt kein Patentrezept für „richtige Führung" und keine Standardlösung, wenn man mehrere Stakeholder in seiner Organisation berücksichtigen möchte. Unter den richtigen Bedingungen aber kann die Reduktion von Hierarchien Potenzial freisetzen, das ansonsten brachliegen würde.

Scrum – die agile Projektmanagementmethode

Filippa von Nell

In den einleitenden Ausführungen wurde beschrieben, wie der Trend hin zur Digitalisierung und sich rasch verändernde Kundenbedürfnisse in einem komplexen Marktumfeld dazu führen, dass sich auch Organisationen in ihren Strukturen wandeln, um sich an die Veränderungen anpassen zu können – mit der Folge, dass Hierarchien in vielen Unternehmen reduziert werden (Pauleweit 2016).

Neben Holokratie, Teal oder demokratischen Strukturen existieren noch eine Vielzahl weiterer Lösungen, sich in reduzierter Form zu organisieren. Insbesondere die Technologie-Branche wirkt in diesem Bereich als Treiber: So begannen u. a. die bekannten Softwareentwickler Ken Schwaber, Kent Beck und Alistair Cockburn in den 90er Jahren in den USA die „agile Softwareentwicklung"[1] voranzutreiben: „Sie erkannten, dass kleine Entwicklungsteams mit Teammitgliedern, die im Wesentlichen alle Skills haben, effektiver und schneller bei höherer Qualität Softwareapplikationen liefern als große Teams" (Gloger 2010, S. 195). Aus dieser Erkenntnis formten sich viele Softwareentwicklungsmethoden (u. a. Extreme Programming, Crystal oder Feature Driven Development), bei denen ein formalisiertes Vorgehen in den Hintergrund trat und der Fokus sich auf die Lösung der Anforderungen verlegte. In diesem Zuge entstand auch das von Jeff Sutherland und Ken Schwaber entwickelte Managementframework Scrum, das derzeit in der agilen Softwareentwicklung als De-facto-Standard gilt[2] und von bekannten Technologie-Unternehmen wie dem

---

[1]Siehe dazu das agile Manifesto (www.manifesto.org). Das agile Manifesto wurde 2001 von in der Branche angesehenen Softwareentwicklern verfasst und beruht auf zwölf Prinzipien, in deren Zentrum „die enge Zusammenarbeit zwischen Entwickler und Kunden steht" (Gloger und Margetich 2014, S. 6).

[2]Für ausführlichere Informationen zur Entstehungsgeschichte von Scrum, siehe Gloger (2016, S. 22 ff).

J. Jeromin et al., *Leadership in Organisationen mit reduzierten Hierarchien,* essentials, https://doi.org/10.1007/978-3-658-20190-6_3

US-amerikanischen Cloud-Computing-Anbieter Salesforce oder dem schwedischen Musik-Streaming-Dienst Spotify angewandt wird.

Der Begriff Scrum („Gedränge") ist dem Rugby-Sport entlehnt. Dort bezeichnet er eine Freistoßsituationen, in der sich die Spieler nach einer Spielunterbrechung eng um den Spielball anordnen: „So wie versucht wird, durch einen kollektiven Einsatz der Mannschaft die Freistoßsituation zu beherrschen, steht auch in der Softwareentwicklung mit Scrum das kooperative, selbstverantwortliche und selbstorganisierte Verhalten eines Teams im Mittelpunkt" (Goll und Hommel 2015, S. 82).

Allerdings ist Scrum nicht nur auf die Entwicklung von Software beschränkt. Vielmehr ist es in erster Linie ein Rahmenwerk, das sich besonders gut bei komplexen Produktentwicklungen[3] eignet, bei denen zu Beginn „mehr unbekannt als bekannt" (Maximini 2013, S. 16) ist. Entsprechend dazu wird – anders als bei klassischen Projektmanagementmethoden – inkrementell gearbeitet: In kurzen und iterativen Entwicklungszyklen sollen dem Kunden fertige und nutzbare Produktteile geliefert werden. Dabei werden ständig Feedback-Schleifen gefahren, um flexibel „auf Veränderungen – vor allem der Forderungen des Kunden – reagieren zu können sowie den höchstmöglichen Kundennutzen in kürzester Zeit" (Goll und Hommel 2015, S. 82) generieren zu können.

Im weiteren Verlauf wird ein knapper Überblick über die wesentlichen Elemente von Scrum gegeben, welche in den nachfolgenden Abschnitten noch detaillierter beschrieben werden. Die Ausführungen orientieren sich dabei maßgeblich an dem von Schwaber und Sutherland (2016) formulierten „Scrum Guide", der für den interessierten Leser eine Pflichtlektüre darstellt.

3.1   Eine Übersicht über den Scrum-Flow

Wie in Abb. 3.1 ersichtlich wird, entwickelt sich zu Beginn des „Scrum-Flows" zunächst eine Vision davon, was für ein Produkt entstehen soll. Aus dieser „Product Vision" werden konkrete Anforderungen an das Produkt abgeleitet, die vom

---

[3]In Anlehnung an Stacey (2001) beschreibt Maximini (2013, S. 16 f.) verschiedene Komplexitätsgrade, die einer Produktentwicklung zugeordnet werden können: „Einfache Projekte sind solche, in denen die Rahmenbedingungen fast vollständig bekannt sind. Komplizierte Projekte sind solche, in denen mehr bekannt als unbekannt ist. Komplexe Projekte sind solche, in denen mehr unbekannt als bekannt ist. Chaotische Projekte sind solche, in denen fast nichts bekannt ist."

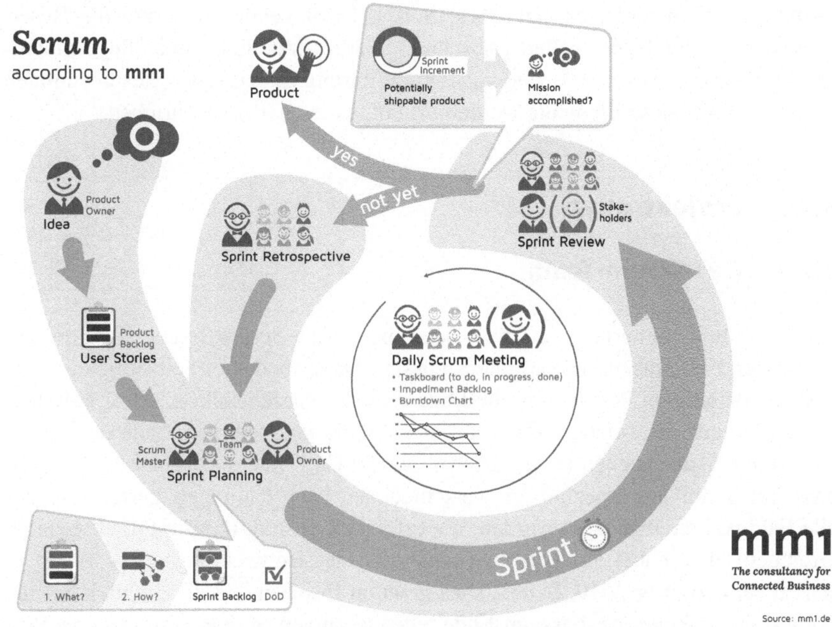

Abb. 3.1   Der Scrum-Flow. (Quelle: mm1 Consulting & Management PartG 2016)

„Product Owner" (einer Art Projektleiter, vgl. Abschn. 3.2.2) im sogenannten „Product Backlog" gesammelt und nach ihrer Relevanz geordnet werden (Roock und Wolf 2016, o. S.). Dabei wird jedoch nicht versucht, ein Produkt schon zu Beginn bis ins letzte Detail zu spezifizieren (Margetich 2014, S. 57). So erfolgt die Entwicklung eines Produkts in Scrum vielmehr, wie eben erwähnt, in Iterationen, den sogenannten „Sprints". Abhängig vom Unternehmens- und Produktkontext dauert ein Sprint maximal 30 Tage und schließt mit der Lieferung eines Produktteils ab, das vom Kunden unmittelbar eingesetzt werden könnte (ebd.). Auf diese Weise wird sichergestellt, dass der Kunde regelmäßig Feedback geben kann, sodass die Produktentwickler auf Kundenbedürfnisse reagieren können.

Um den reibungslosen Ablauf von Scrum zu gewährleisten und so die Entwicklung komplexer Produkte zu begünstigen, bedarf es einiger rahmengebender

Strukturen (Goll und Hommel 2015, S. 87). Dazu gehört in Scrum die Besetzung bestimmter Projektrollen (Abschn. 3.2), die Erstellung und Pflege mehrerer Artefakte (Abschn. 3.3) und die Durchführung spezifischer Besprechungen (Abschn. 3.4). Diese Elemente werden im Folgenden näher beschrieben.

3.2   Projektrollen

3.2.1   Das Scrum-Team

Schwaber und Sutherland (2016) beschreiben, dass Scrum-Teams selbstorganisierend und interdisziplinär arbeiten müssen. Dabei bedeutet Selbstorganisation, dass die beteiligten Personen in die Lage versetzt werden sollten, selbst entscheiden zu können, in welcher Weise sie ihrer Arbeit nachkommen, ohne dass ihnen dies durch Außenstehende vorgegeben wird. Und Interdisziplinarität bedingt, dass ein Team aus Spezialisten verschiedener Fachrichtungen besteht, sodass alle Fähigkeiten abgedeckt werden, die erforderlich sind, um die Projektziele zu erreichen, ohne dabei auf Personen außerhalb des Entwicklungsteams angewiesen zu sein (Hanser 2010, S. 65). Dies gewinnt insbesondere in Hinblick auf die Forderung an Relevanz, dass am Ende jedes iterativen Sprints ein nutzbares Produktinkrement verfügbar sein sollte, das potenziell an den Kunden ausgeliefert werden kann (Maximini 2013, S. 177).

Ein Scrum-Team setzt sich idealerweise aus sieben Personen zusammen: einem Product Owner, einem Scrum Master sowie fünf Personen im Entwicklungsteam (Margetich 2014, S. 57). Die Rollen und die ihnen zugeschriebenen Verantwortlichkeiten werden in den nachfolgenden Abschnitten diskutiert.

3.2.2   Der Product Owner

Der Product Owner steuert die Produktentwicklung strategisch. Mithilfe des Product Backlog (vgl. Abschn. 3.3.2) priorisiert[4] er die Anforderungen, denen das Produkt entsprechen soll und legt so fest, was das Entwicklungsteam wann erarbeitet (Gloger 2010, S. 196). Inhaltlich ist er als Einziger gegenüber dem Entwicklungsteam weisungsberechtigt. Das heißt: Kein anderer darf von den Entwicklern

---

[4]Bei der Priorisierung orientiert sich der Product Owner vor allem an den Markterfordernissen. Die technische Umsetzbarkeit ist dabei zweitrangig. Vgl. hierzu Gloger (2010, S. 198).

fordern, andere Anforderungen als die zu bearbeiten, welche durch den Product Owner definiert wurden (Schwaber und Sutherland 2016, S. 6). Außerdem ist der Product Owner dafür verantwortlich, dass die Wirtschaftlichkeit einer Produktentwicklung gewährleistet ist. Entsprechend dazu steht für ihn als Key Performance-Indikator das Return-on-Investment im Fokus (Margetich 2014, S. 77). Dies impliziert zugleich, dass der Product Owner immer die Interessenlage des Kunden im Auge behält, indem er den Erfolg und die Profitabilität des Produkts sicherstellt (Goll und Hommel 2015, S. 89).

Zu den einzelnen Aufgaben eines Product Owner gehören des Weiteren:

- eine Product Vision zu entwickeln[5],
- dabei die Wünsche der Stakeholder, sprich des Kunden, des Managements und des Anwenders zu berücksichtigen,
- die Product Backlog-Einträge zu formulieren und nach ihrer Bewandtnis zu priorisieren sowie
- das erstellte Produktinkrement am Ende eines Sprints auf seine Funktionalität zu prüfen (vgl. hierzu Goll und Hommel 2015, S. 89; Schwaber und Sutherland 2016, S. 5).

Die Rolle des Product Owner wird durch eine einzelne Person ausgefüllt (Schwaber und Sutherland 2016, S. 6). Diesbezüglich weist Hanser (2010, S. 62) darauf hin, dass die Gefahr bestehe, dass gute Ideen nicht realisiert würden, wenn der Product Owner nicht an ihre Realisierungsmöglichkeit glaubt.

3.2.3 Das Entwicklungsteam

Das Entwicklungsteam ist das Herz eines Scrum-Teams. Es besteht ausschließlich aus (Produkt-)Entwicklern. Seine zentrale Aufgabe besteht darin, im Rahmen eines Sprints Arbeitspakete aus dem Product Backlog auszuwählen und sie anschließend in ein nutzbares und potenziell auslieferbares Produktinkrement zu überführen (Schwaber und Sutherland 2016, S. 6). In einem Entwicklungsteam bestehen keine Hierarchien: Es gibt keinen Chef oder Sub-Teams (Goll und Hommel 2015, S. 90). Somit trägt jeder einzelne Entwickler die Verantwortung für die Qualität sämtlicher Lieferungen im Team (Margetich 2014, S. 58).

---

[5]Goll und Hommel (2015, S. 100) definieren die Product Vision wie folgt: „Die Product Vision beschreibt den Grund für die Durchführung und das angestrebte Ergebnis eines Projektes. Sie legt die Richtung, in die das Projekt laufen soll, fest."

3.2.4   Der Scrum Master

Der Scrum Master trägt als der Prozessverantwortliche für Scrum Sorge dafür, dass das Scrum-Team die Regeln und den Ablauf von Scrum versteht und beherzigt (Schwaber und Sutherland 2016, S. 7). Insbesondere in unerfahrenen Teams unterstützt er die Beteiligten bei der Einarbeitung in Scrum und coacht ihre Besprechungen (vgl. Abschn. 3.4) (Goll und Hommel 2015, S. 91). Zusätzlich geht er gegen sogenannte „Impediments" (Hindernisse) vor, die das Team daran hindern, effizient zu sein[6]. In diesem Zusammenhang erarbeitet er – oftmals in Zusammenarbeit mit dem Management – produktivitätssteigernde Maßnahmen (Gloger 2010, S. 197).

Überdies schirmt er das Team gegen äußere Einflüsse ab und verhindert im Zuge dessen beispielsweise, dass ein Entwickler temporär für ein anderes Projekt abgezogen wird – schließlich soll das Entwicklungsteam ungestört an den Anforderungen des aktuellen Sprints arbeiten können (Hanser 2010, S. 66) und sich für das zu liefernde Inkrement verantwortlich fühlen (Gloger und Margetich 2014, S. 197).

Zu den einzelnen Aufgaben eines Scrum Masters gehören des Weiteren:

- die gesamte Organisation (zum Teil in Zusammenarbeit mit anderen Scrum Mastern) bei der Einführung von Scrum zu unterstützen (Schwaber und Sutherland 2016, S. 7),
- Stakeholdern ein Verständnis für Scrum zu vermitteln (ebd., S. 8) und
- den Product Owner insbesondere am Anfang bei seinen Aufgaben zu unterstützen und darauf zu achten, dass dieser nicht in die Rolle eines Projektleiters im klassischen Sinne rutscht (Hanser 2010, S. 66).

Der Scrum Master ist entsprechend dazu eine „Führungskraft ohne disziplinarische Verantwortung" (Gloger und Margetich 2014, S. 197).

3.2.5   Stakeholder

Zu den wichtigsten Stakeholdern gehören im Rahmen von Scrum der Kunde (Customer), das Management und der Anwender (User) (Gloger und Margetich 2014, S. 196). Der Kunde betraut als Auftraggeber das Scrum-Team mit

---

[6]Beispiele für Impediments können laut Hanser (2010, S. 66) „Probleme in der Teampsychologie sein (wenn also z. B. Teammitglieder nicht miteinander auskommen), können sich aber auch aus falsch verstandenen Scrum-Rollen ergeben, z. B. dem Product Owner, der versucht als Projektleiter zu fungieren".

der Projektentwicklung und legt das Budget fest. Das Management sorgt für die organisatorischen Rahmenbedingungen und unterstützt beispielsweise den Scrum Master dabei, Probleme im Projektumfeld zu beheben. Als Anwender wird der zukünftige Nutzer des Produkts bezeichnet (Hanser 2010, S. 67).

3.3   Artefakte

Laut aktuellem Scrum Guide existieren vier zentrale Artefakte, die notwendig sind, um die agile Zusammenarbeit in Scrum zu strukturieren. Dazu gehören das „Product Increment", das „Product Backlog", das „Sprint Backlog" und die „Definition of Done". Diese werden im Folgenden erläutert.

3.3.1   Produktinkrement

Das Product Increment (Produktinkrement) bezeichnet das Resultat eines Sprints. Es muss sich am Ende einer Entwicklungsiteration in einem verwendungsfähigen Zustand befinden und der Definition of Done entsprechen, welche in einem folgenden Absatz beschrieben wird. Auf diese Weise können frühzeitig und wiederholt Feedbackschleifen durch den Kunden erfolgen, sodass die Projektplanung dahin gehend beeinflusst werden kann (Goll und Hommel 2015, S. 96).

3.3.2   Product Backlog

Das Product Backlog stellt in Scrum das zentrale Dokument dar, in dem alle „Features, Funktionalitäten, Verbesserungen und Fehlerbehebungen" (Schwaber und Sutherland 2016, S. 14) enthalten sind, über die das Produkt potenziell verfügen kann. Es wird durch den Product Owner verwaltet, der in Zusammenarbeit mit den Stakeholdern die Anforderungen an das Produkt definiert, die Einträge erstellt und sie ihrer Relevanz nach ordnet (Goll und Hommel 2015, S. 92). Für das Entwicklungsteam stellt das Dokument die „einzige Anforderungsquelle für alle Änderungen am Produkt" (Schwaber und Sutherland 2016, S. 14) dar. Entsprechend dazu aktualisiert und verändert sich das Product Backlog im Projektverlauf: Während es zu Beginn nur über die grundlegenden Anforderungen verfügt, verfeinert sich die Liste der Einträge mit weiteren Entwicklungsschritten zunehmend (ebd.).

3.3.3 Sprint Backlog

Das Sprint Backlog enthält alle Aufgaben, welche die Entwickler in einem Sprint umsetzen (Hanser 2010, S. 73). Die Auswahl der Einträge erfolgt nur durch das Entwicklungsteam, das sich dabei auf das Product Backlog (und die priorisierten Einträge durch den Product Owner) bezieht (Goll und Hommel 2015, S. 95). Mithilfe des Sprint Backlog können die Entwickler transparent darstellen, an was sie arbeiten und welchen Arbeitsaufwand sie in einem Sprint bewältigen. Folglich dient das Dokument dem Entwicklungsteam auch als Arbeitsplan (Schwaber und Sutherland 2016, S. 15).

3.3.4 Definition of Done

Darüber hinaus ist es laut Scrum Guide dringend notwendig, dass die Mitglieder eines Scrum-Teams ein gemeinsames Verständnis davon entwickeln, „wann Arbeit fertig ist" (ebd., S. 17) und welche Qualitätsmerkmale dafür erfüllt sein müssen. Dafür eignet sich die Erarbeitung einer Definition of Done, anhand derer explizit geprüft werden kann, ob ein Sprint Backlog-Eintrag als vollständig erfüllt gilt (Goll und Hommel 2015, S. 96).

3.4   Besprechungen

In Scrum ist die Kommunikation zwischen den Team-Mitgliedern von zentraler Bedeutung, um die Selbstorganisation der Arbeit zu gewährleisten. Entsprechend dazu sieht der Scrum Guide bestimmte Besprechungen vor, die dazu dienen, an den „kritischen Stellen Transparenz und Überprüfung zu ermöglichen" (Schwaber und Sutherland 2016, S. 8) sowie „die Notwendigkeit anderer, nicht in Scrum definierter Besprechungen zu minimieren" (ebd., S. 8). Insgesamt existieren vier zentrale Meetings: das „Sprint Planning Meeting", das „Daily Scrum", das „Sprint Review Meeting" und die „Sprint Retrospektive". Diese werden im Folgenden näher ausgeführt, wobei die Reihenfolge ihrer Position im Scrum-Flow entspricht (vgl. Abb. 3.1).

3.4.1 Sprint Planning Meeting

Bevor ein Sprint gestartet wird, findet stets ein Sprint Planning Meeting statt. In dieser Besprechung wird vom Entwicklungsteam entschieden, was im nächsten Sprint umgesetzt werden soll („what"). Allerdings kann der Product Owner auf diese Entscheidung maßgeblich Einfluss nehmen, indem er die Anforderungen im Product Backlog priorisiert. Die Arbeitspakete, die in einem Sprint bearbeitet werden sollen, werden – wie zuvor beschrieben – im Sprint Backlog festgehalten. In dem Meeting plant das Entwicklungsteam außerdem im Detail und komplett autonom, welche Aufgaben zur Lieferung der Product Backlog-Einträge notwendig sind („how") (Goll und Hommel 2015, S. 97). Abschließend verpflichten sich die Entwickler, die während des Sprint Planning Meetings definierten Ziele zu erreichen (ebd., S. 70).

3.4.2 Daily Scrum

Während eines Sprints wird täglich ein maximal 15-minütiges Meeting, das Daily Scrum, abgehalten, an dem der Scrum Master und das Entwicklungsteam teilnehmen. Die Besprechung bietet den Entwicklern die Möglichkeit, sich über den „aktuellen Stand und Fortschritt" (ebd., S. 97) auszutauschen sowie den Plan für die folgenden 24 h[7] zu erarbeiten (Schwaber und Sutherland 2016, S. 11). Während eines Meetings ist jeder Entwickler angehalten, die nachfolgenden Fragen zu beantworten:

- Was habe ich seit gestern geschafft?
- Woran arbeite ich heute?
- Was hindert mich oder das Entwicklungsteam bei der Erreichung meiner/unserer Ziele? (Schwaber und Sutherland 2016, S. 11)

Folglich besteht der Zweck dieser Besprechung darin, die Kommunikation im Team sicherzustellen und die Entscheidungsfindung zu beschleunigen sowie die Notwendigkeit für weitere Meetings zu minimieren (ebd.).

3.4.3 Sprint Review Meeting

Das Sprint Review Meeting findet am Ende eines Sprints statt: Das Scrum-Team präsentiert das Produktinkrement und erhält von den Stakeholdern Feedback (Verbesserungsvorschläge, Kritik oder Lob). Der Product Owner integriert die in

---

[7]Häufig verwenden Scrum-Teams sogenannte „Sprint Burndown Charts", um den Produktfortschritt und den verbleibenden Aufwand transparent darzustellen. Für weitere Ausführungen vgl. Hanser (2010, S. 77 ff.).

der Diskussion aufkommenden Ideen in das Product Backlog (Gloger und Margetich 2014, S. 199), sodass die Resonanz aus der Runde als Basis für die weitere Entwicklung des Produkts dient (Schwaber und Sutherland 2016, S. 12).

3.4.4 Sprint Retrospektive

An das Sprint Review Meeting schließt sich die Sprint Retrospektive an, während das Entwicklungsteam in Zusammenarbeit mit dem Scrum Master den vorangegangenen Sprint evaluiert. Dabei stehen „Menschen, Beziehungen, Prozesse und Tools" (Goll und Hommel 2015, S. 98) im Fokus der Besprechung sowie mögliche Verbesserungsvorschläge, welche in die Planung des nächsten Sprints einfließen können (Gloger und Margetich 2014, S. 199). In Scrum existieren keine Zeiten zwischen zwei Sprints. Das heißt, auf die Sprint Retrospektive eines Sprints folgt unmittelbar das Sprint Planning Meeting des nächsten Sprints (Roock und Wolf 2016).

3.5 Vorteile und Nachteile von Scrum

Nachdem nun näher auf die einzelnen Elemente des Scrum Flows eingegangen wurde, sollen in diesem Abschnitt die möglichen Vorteile und Nachteile zusammengetragen werden, die die Einführung von Scrum in einer Organisation mit sich bringen kann.

3.5.1 Vorteile

Die Zeitabstände zwischen Produktinkrementen sind kurz
Wie anfangs erwähnt, eignet sich die Anwendung von Scrum insbesondere für Projekte, bei denen zunächst mehr „unbekannt als bekannt" (Goll und Hommel 2015, S. 102) ist: Keiner weiß genau, welchen Anforderungen ein Produkt gerecht werden muss, um am Markt erfolgreich zu sein (ebd., S. 108). Aber das Produkt wird in Scrum inkrementell gefertigt und entsprechend dazu gibt es keine langen Planungszeiträume – und das ist gut, denn so kann schnell auf neue Trends reagiert werden.

Motivierte Mitarbeiter durch Selbstorganisation
Wie auch im Rugby-Sport, dem der Name des Frameworks entlehnt ist, steht Teamwork bei Scrum an oberster Stelle. Jede einzelne Person ist für das Projekt verantwortlich, wobei Aufgaben nicht hierarchisch zugewiesen, sondern im Diskurs übernommen werden (ebd.). Das, so beschreiben Goll und Hommel (2015), fördere die Identifikation des Einzelnen mit dem Projekt und erhöhe die Motivation. Dies bestätigt auch eine Studie von Komus (2013): Sie zeigt, dass Anwender agiler Methoden diese als äußert positiv bewerten; insbesondere bei den Nutzern von Scrum stellt sich eine besonders ausgeprägte Zufriedenheit heraus.

Inspect and adapt! – direktes Feedback und Anpassung
Die Artefakte fördern die Transparenz der Arbeit im Scrum-Team: Durch den Sprint Backlog und das Daily Scrum ist jeder über den Fortschritt und über mögliche Probleme in einem Sprint informiert. Und durch die regelmäßig stattfindenden Revisionsprozesse verbessert sich das Produkt stetig. Neben der Zufriedenheit des Kunden hat dies auch positive Effekte auf der Kostenseite. Unerwünschte Abweichungen werden schnell erkannt und so können hohe Kosten für eine aufwendige Neuplanung und -entwicklung vermieden werden (ebd., S. 109).

3.5.2 Nachteile

Allerdings werden in der Praxis und Forschung auch Nachteile beschrieben.

Die Überlegenheit der Macher
So führen die Transparenz des Arbeitsprozesses und die permanenten Feedback-Schleifen auch dazu, dass jeder informiert ist, wenn ein Projekt bzw. ein Team nicht den erwarteten Fortschritt macht. In einem „brand eins"-Interview berichtet ein Product Owner des Musik-Streaming-Dienstes Spotify, dass sich trotz der Abwesenheit formaler Machtverhältnisse oftmals eine „informelle Hierarchie […] über die ständige Bewertung unter Gleichen" (Ramge 2015) bilde. Dies sei insbesondere für Mitarbeiter problematisch, die den „sanften Gruppendruck" (ebd.) nicht aushielten.

Fehlender Weitblick

Der starke Fokus auf die Lieferung von nutzbaren Produktinkrementen in den Sprints kann des Weiteren dazu führen, dass sich das Denken der Mitarbeiter an kurzfristigen Erfolgen orientiert (Goll und Hommel 2015, S. 111). Dabei, so resümieren Goll und Hommel (2015), könnten grundlegende Entscheidungen aufgeschoben werden. In einem Softwareentwicklungsprojekt würden dazu insbesondere nicht funktionale Anforderungen wie die Sicherheit eines Systems zählen.

Diskussion 4

Gabriel Jourdan

Nachdem in den beiden vorangegangenen Abschnitten intensiv auf die theoretischen Grundlagen von Führungsstilen und das Managementframework Scrum als Beispiel einer agilen Entwicklungs- und Projektplanungsmethode eingegangen wurde, stellen sich die eigentlichen Fragen, die in diesem Buch beantwortet werden sollen: Sollten flache Hierarchien nicht gerade bedeuten, dass kein Leader-Follower Verhältnis aufgebaut wird? Brauche ich dann in einem agilen Umfeld überhaupt Leadership und wenn ja, wo und in welcher Form?

Wie sich aus unseren vorangegangen Ausführungen ergibt, ist Leadership gerade in diesen agilen und nicht minder komplexen Settings sehr wohl notwendig, um das vollständige Potenzial von Frameworks wie Scrum zu entfalten. Es mag gemäß der herkömmlichen Sichtweise auf die Philosophie und die Natur der Führung paradox klingen, dass nur durch intensives Leadership flache Hierarchien hervorgerufen werden können. Wovon in diesem Buch die Rede ist, ist kein Leader-Follower-Verhältnis, das auf bloßen Befehl und Gehorsam basiert und bei dem Manager immer Führungskräfte sind, die lediglich bei Abweichungen von der Norm in Prozesse eingreifen. Nein, es sollen Alternativen zu den traditionellen Verhältnissen aufgezeigt werden. Agilität und flache Hierarchien können nicht entstehen, wenn ein transaktionaler Führungsstil verwendet wird. Daher plädieren die Autoren in diesem Buch dafür, das eigene Denken und das Verständnis von Führung kritisch zu hinterfragen. Ein klares Rollenverhältnis und Verantwortungsbewusstsein wird bei jedem Angehörigen einer Organisation mit reduzierten Hierarchien, und gerade auch in Scrum-Teams, vorausgesetzt. Die traditionellen Leadership Ansätze scheitern auf dieser Ebene. Erfolgreich lässt sich hier nur durch die entsprechende Kommunikation von Werten und Visionen führen. Abweichungen von der Norm sollten iterativ und im Team erkannt werden,

© Springer Fachmedien Wiesbaden GmbH 2018
J. Jeromin et al., *Leadership in Organisationen mit reduzierten Hierarchien*,
essentials, https://doi.org/10.1007/978-3-658-20190-6_4

weshalb es von Anfang an gilt eine entsprechende Kommunikationskultur und Transparenz zu etablieren. Dies setzt voraus, dass es nicht nur einzelne Personen in einem Team sind, die die Führungsrolle ausführen, sondern jeder sich zusätzlich zu seiner Rolle auch seiner Aufgabe als Führungskraft bewusst ist. So gelingt es die Diversität hochzuhalten und Nachteile von Scrum auszumerzen, wie zum Beispiel die angesprochene „Überlegenheit der Macher". Wenn sich Visionen und die Mission im Führungsstil stets wiederfinden, ist auch die langfristige Orientierung eines Scrum-Teams kein Problem mehr.

In der Praxis wird es trotzdem zur Herausbildung von natürlichen Hierarchien kommen, die aber stark situationsabhängig sind. Kompetenz steht hier vor Seniorität oder Titel, was bereits das Scrum-Framework durch seine Rollenverteilung und seiner zugrunde liegenden Philosophie regelt.

Welcher der Führungsstile ist nun also für Sie und Ihr Unternehmen der richtige? Eine genaue Antwort kann und will dieses Buch nicht geben, da die Wahrheit wie so häufig in der Mitte liegt und jeder Leader den Stil finden muss, der für ihn am besten passt. Authentizität und Integrität stehen hier im Vordergrund. Dennoch soll an dieser Stelle erneut betont werden, dass ein Umdenken notwendig ist und sich Leader von traditionellen Rollen- und Machtverhältnissen lossagen. Sicher wird der ein oder andere stark damit ringen, seine Komfortzone zu verlassen, doch mit zunehmender Unsicherheit und Komplexität sind andere Fähigkeiten gefragt. Lässt man sich darauf ein, sind Dinge möglich, die früher kaum vorstellbar waren.

Wie sich diese Ausführungen in der Praxis am besten anwenden lassen, soll im folgenden Kapitel gezeigt werden, welches Ihnen vier Merksprüche an die Hand gibt, die Ihnen auch nach der Lektüre dieses Buches als Orientierung dienen können.

Take Away Messages

Gabriel Jourdan

5

> Es gibt keine schlechten Teams, nur schlechte Leader (Willink und Babin 2015, S. 78).

In einem Buch, das sich mit dem Führen in Organisationen mit reduzierten Hierarchien beschäftigt, mag es einem zunächst seltsam vorkommen, dieses Zitat eines ehemaligen Kommandanten einer United States Navy SEAL-Einheit zu lesen, da die US-amerikanische Armee im Allgemeinen gerade mit bedingungslosem Gehorsam und extrem steilen Hierarchien assoziiert wird.

Trotzdem bestehen hier einige Überschneidungen, die sich Leader in Organisationen mit reduzierten Hierarchien zu Herzen nehmen sollten. Eine Navy SEAL-Einheit oder jedes andere Team – sei es nun im Sport, in einem großen internationalen Unternehmen oder in einem Orchester – kann nur dann erfolgreich und effizient agieren, wenn es eingespielt ist. Bei Entscheidungen, die der Unsicherheit unterliegen – was in der Geschäftswelt nahezu immer der Fall ist –, sind besonders zwischenmenschliche Beziehungen für den Erfolg maßgeblich. Gegenseitiger Respekt und Vertrauen müssen also gegeben sein. Hierin zeigt sich insbesondere die Parallele zwischen dem angesprochenen Navy SEAL-Team und der hier betrachteten Organisation mit reduzierten Hierarchien – oder besser: dem Scrum-Team.

In diesem Kapitel möchte ich Ihnen – dem Leser – einige simple, aber dennoch mächtige Leitfäden an die Hand geben, die hilfreich sind, um in Projekt- oder Scrum-Teams innerhalb von Organisationen mit reduzierten Hierarchien erfolgreich zu führen. Die Leitfäden basieren auf den Erkenntnissen, die die Autoren in vorangegangenen Kapiteln erarbeitet und diskutiert haben und fassen sie in Merksätzen zusammen. Diese sollen dazu dienen, sich die Herausforderungen, die das Führen in einem agilen Umfeld erfordert, bewusst zu machen und

© Springer Fachmedien Wiesbaden GmbH 2018
J. Jeromin et al., *Leadership in Organisationen mit reduzierten Hierarchien,*
essentials, https://doi.org/10.1007/978-3-658-20190-6_5

sein Handeln nach ihnen auszurichten. Hierbei wird nicht auf die einzelnen Rollen innerhalb eines Scrum-Teams fokussiert, da Leadership nicht zwangsläufig rollenabhängig sein muss, sondern gerade im agilen Bereich von jedem einzelnen Teammitglied verstanden, verinnerlicht und umgesetzt werden sollte. Der Autor hofft, damit jungen und zukünftigen Führungspersönlichkeiten eine Hilfestellung zu geben, und möchte die Relevanz des Themas anhand praktischer Beispiele verdeutlichen.

5.1 Vertraue deinen Mitarbeitern und dem Framework

Wie oben erwähnt sind gegenseitiges Vertrauen und Respekt fundamentale Prinzipien für das erfolgreiche Agieren von Teams und Organisationen. Bei Scrum-Teams, die in der Regel aus maximal sieben Personen bestehen sollten, kommt dem Vertrauen eine besondere Rolle zu: Agilität, Flexibilität und Geschwindigkeit sind in den Sprints von hoher Wichtigkeit, da ohne sie das gesamte Framework zunichtegemacht wird, beziehungsweise sich nicht optimal umsetzen lässt. Es ist also notwendig, dass jedes Mitglied im Scrum-Team möglichst ablenkungsfrei und konsequent seinen Aufgaben nachgehen kann. Ständige Unterbrechungen stören in hohem Maße die Konzentration und Produktivität. Traditionelle Leadership-Stile sind hier unangebracht und eher destruktiv, da sie in stark darauf beruhen zu intervenieren und zu kontrollieren. Versucht man einen hoch bezahlten Programmierer während der Arbeit darum zu bitten, seinen Fortschritt zu dokumentieren, erntet man vermutlich irritierte Blicke und Hohn und bringt zudem das Gelingen des gesamten Sprints und somit den Erfolg der Organisation in Gefahr. Bei der Lösung von komplexen IT-Problemen ist hohe Aufmerksamkeit, Konzentration und häufig auch Kreativität gefragt. Das ständige Bedürfnis von traditionellen Leadern zu „managen" wird eher als störend empfunden.

Auf zweierlei Arten hilft hier das Berufen auf Vertrauen: Zum einen schafft eine Kultur des Vertrauens eine wesentlich angenehmere Arbeitsatmosphäre für jeden Mitarbeiter, da man sich nicht unter ständiger Beobachtung wähnt, zum anderen kann ein Leader auf das Framework Scrum vertrauen. Dieses schafft interessanterweise aus sich heraus eine Kultur des Vertrauens, da eines der Grundprinzipien besagt, dass während eines Sprints keine Änderungen mehr an den gesetzten Zielen vorgenommen werden sollen und diese – falls doch anfallend – aus dem Prozess heraus entstehen und nicht „von oben" vorgegeben werden (Schwaber und Sutherland 2016, S. 11). Alle Mitglieder eines Scrum-Teams verpflichten sich im Vorhinein zu der Einhaltung gewisser Regeln und Vorgaben,

z. B. der Definition of Done, die den Qualitätsanspruch an die Produkte festlegt (ebd., S. 4). Diese werden vorab gemeinsam im Team erarbeitet, sodass in der Theorie kein Bedarf an hierarchischem Management und externer Kontrolle aufkommen sollte. Jedes Teammitglied hat ein Mitspracherecht bei der Festlegung der Vorgaben und ist somit selber für die Beseitigung von etwaigen Abweichungen während des Prozesses zuständig. Durch den iterativen und agilen Prozess, der in hohem Maße auf der Lernfähigkeit der Organisation basiert, sind Abweichungen dennoch kein allzu großes Problem, da sie im Rahmen des Sprint Reviews einfach beseitigt und für das nächste Sprint Planning mit eingeplant werden können. Hieran zeigt sich, wie Scrum es schafft, aus sich heraus Vertrauen zu schaffen, aber auch wie wichtig das gegenseitige Vertrauen der Mitglieder ist, die sich darauf verlassen müssen, dass jeder im Team seine Aufgabe wahrnimmt.

Betrachtet man die Situation aus spieltheoretischer Sicht, fällt auf, dass durch die Gestaltung des Frameworks der Anreiz des Defektierens (Moral Hazard) für das Individuum stark abnimmt. Weniger oder gar nicht zu arbeiten ist also keine Alternative, da dieses „Freeriding" spätestens im nächsten Sprint Review aufgedeckt wird und die „ersparte" Arbeit im nächsten Sprint erledigt werden muss. Ein Individuum in einer sich selbst managenden Organisation ist demnach logischerweise auch für sich selbst verantwortlich (Drucker 2005, S. 52).

Der Leader kann sich somit darauf verlassen und kann seinen Mitarbeitern und Team-Kameraden vertrauen. Zudem bleibt ihm oft keine andere Wahl als zu vertrauen, damit die Effektivität des Prozesses nicht gefährdet wird. Dieser harmonische Zustand ist natürlich ein Ideal und ist in der Praxis sicher nicht immer einfach zu gewährleisten. Trotzdem gibt es neben dem Vertrauen weitere Maßnahmen, wie Organisationen sich diesem Idealzustand annähern können. Dies führt zum zweiten Merksatz, der Ihnen mit auf den Weg gegeben werden soll.

5.2 Wähle deine Mitarbeiter mit Bedacht aus

Im Zeitalter der Wissensgesellschaft reicht es nicht mehr aus, Menschen nur noch aufgrund ihrer körperlichen Fähigkeiten und ihres Gehorsams einzustellen, wie es vor allem im Zeitalter der Industrialisierung und zum Teil auch bis ins späte 20. Jahrhundert üblich war. Die Personalauswahl wird immer wichtiger und Bereiche wie Human Resources spielen eine größere Rolle für den Erfolg der gesamten Organisation. Führung wurde früher als das genaue Anleiten von Mitarbeitern verstanden, die im Nachhinein die Anweisungen nur noch umzusetzen brauchten. In der Wissensgesellschaft ist dies kaum noch möglich und gerade innerhalb von Organisationen mit reduzierten Hierarchien oder Scrum-Teams nicht mehr denkbar. Vertrauen lässt sich in der Praxis nur aufrechterhalten, wenn von Anfang an darauf geachtet wird, die richtigen Mitarbeiter einzustellen und diese auf Herz und Nieren zu prüfen. Gerade als Führungskraft mit Personalkompetenz ist hierauf unbedingt zu achten. Wer einen Führungsanspruch erhebt, muss intensiv dafür sorgen, dass sich Rahmenbedingungen wie Scrum auch umsetzen lassen, indem die Teammitglieder entsprechend ausgewählt und zusammengesetzt werden (Ambler und Holitza 2012, S. 13).

Wird ein „falscher" Mitarbeiter ausgewählt, schadet das in hohem Maße dem gesamten Team. Daher ist es wichtig, von Anfang an nicht nur auf die Fähigkeiten und früheren Erfahrungen potenzieller Kandidaten zu achten – wobei diese natürlich nicht gänzlich vernachlässigt werden sollten –, sondern insbesondere zu überprüfen, ob der Kandidat zur Unternehmens- oder besser zur Teamkultur passt. Kann sich ein Mitarbeiter nahtlos in ein bestehendes Team einfügen, so ist es nicht schwer, das Vertrauen aus dem ersten Merksatz aufrecht zu erhalten. Motivation, Leidenschaft und Kompetenz schlagen Erfahrungen und Fähigkeiten auf diesem Gebiet. Scrum kann nur erfolgreich umgesetzt werden, wenn jedes einzelne Teammitglied in der Lage ist, eigenständig zu arbeiten, sich intrinsisch zu motivieren und sich selbst zu kontrollieren (Schwaber und Sutherland 2016, S. 6), um Abweichungen zu dokumentieren und so zum Lerneffekt des gesamten Teams erfolgreich beizutragen.

In der Praxis empfiehlt es sich, in einem agilen Umfeld und bei der Nutzung von Frameworks wie Scrum die Personalauswahl als Team zu gestalten. Wie bereits erwähnt, müssen die einzelnen Mitarbeiter im Scrum-Team eng zusammenarbeiten und eine gewisse Harmonie erzeugen. Deshalb macht es Sinn, dass jeder dazu beitragen kann, Anforderungen an neue Mitarbeiter und Teamkollegen zu stellen, und in die Auswahlprozesse eingebunden wird (Derby 2012).

5.3 Sei wandelbar – die Organisation ist es auch

An diesen Merksatz sollte sich jeder Leader ständig erinnern, doch gilt es besonders für solche in einem agilen Umfeld. Agilität und Fortschritt durch Frameworks wie Scrum können nur erzeugt werden, wenn eine entsprechend offene Kultur gepflegt wird und die Strukturen wandelbar sind. Schnelle Lernerfolge (Testen von Hypothesen und Prototypen) und unmittelbare Anpassungen von existierenden Konzepten sind Voraussetzung für das Gelingen von Scrum oder agilem Management im Allgemeinen. Es muss klar sein, dass es in der heutigen Zeit kein 08/15-Erfolgsrezept für Leadership gibt, sondern eine Organisation eine lebendige Einheit ist, die sich ständig verändert, und es sie daher zu verstehen gilt. Gerade im agilen Umfeld kann es zu teils schwerwiegenden Änderungen kommen. Man nehme als Beispiel den von Gründern gerne verwendeten und viel zitierten „Pivot", bei dem ein bestehendes Geschäftsmodell über Nacht verworfen und komplett geändert werden kann.

Diese Dynamiken zu verstehen, ist der erste Schritt in die richtige Richtung, um in der Lage zu sein, erfolgreich in einem agilen Umfeld zu führen. Es ist weiterhin wichtig, situationsbedingt führen zu können, da ein Scrum-Team häufig eine hohe Flexibilität benötigt. Nicht umsonst wird häufig von der Neuausrichtung von Leadership im agilen Umfeld gesprochen: Leader und Manager sind weniger die traditionellen Anführer und Kontrollinstanzen, sondern sollten sich im Rahmen von Scrum eher als „Coach" verstehen (Nizker 2008). Klar wird diese Rolle, wenn man sich den Aufgabenbereich des Scrum Masters (vgl. Abschn. 3.2.4) ansieht, der dafür zuständig ist, die einzelnen Mitglieder zu „empowern" (Waters 4. February 2007). Anstatt Kommandos auszuführen, sollen sich die Mitarbeiter und Angestellten befähigt fühlen und zum selbstständigen Handeln ermutigt werden. Diese neue Rolle des Managements zielt mehr darauf ab, Möglichkeiten aufzuzeigen und zu generieren sowie das gesamte Team zu „coachen". Beides bedarf hoher Flexibilität und der Bereitschaft zum Wandel sowie Einfühlungsvermögen, da jeder Mitarbeiter individuelle Betreuung benötigt. Nicht umsonst wird der Scrum Master auch häufig als „Servant Leader" beschrieben (Koganti 2014).

5.4   Sorge dafür, dass Werte verfügbar sind

Im Zeitalter des 21. Jahrhunderts, der Welt der Transparenz und der Wissensgesellschaft gelten andere Spielregeln als die klassischen Strukturen von Leader und Follower, die auf Befehl und Gehorsam basieren. Um in dieser globalisierten, digitalisierten und damit hoch komplexen Welt zu bestehen, braucht es wertorientierte Führung. Werte sind in der Lage, Sinn zu stiften (Kraemer 2011, S. 81) und eine Organisation im Innersten zusammenzuhalten. Sie geben Orientierung und fassen das essenzielle *Warum* des Tuns und Handelns der Organisation zusammen. An dieser Stelle sind natürlich Werte wie Aufrichtigkeit, Vertrauen, Neugier gemeint und nicht quantifizierbare Metriken.

Weshalb Werte als sinnstiftende Artefakte in Organisationen mit reduzierten Hierarchien und in Scrum-Teams so wichtig sind, liegt auf der Hand: In Organisationen und Teams, die sich selbst managen und organisieren, benötigen die Individuen Orientierung, um sinnvolle und zielgerichtete Entscheidungen zu treffen. Dies kann an einem praktischen Beispiel verdeutlicht werden:

Peter arbeitet als Product Owner bei einer Plattform, die ihren Kunden kostenloses Musikstreaming über das Internet ermöglicht. Die gesamte Organisation ist in kleine Scrum-Teams unterteilt. Peters Team ist hier für das Design der wöchentlichen Vorschläge an neuer Musik für den Nutzer zuständig. Software-Entwickler Stefan, der in Peters Team arbeitet, ist großer Fan der künstlichen Intelligenz und studiert in seiner Freizeit mit Leidenschaft Machine Learning. Als er im Sprint Planning vorschlägt, dass das Team Zeit und Aufwand in die Erforschung von künstlich intelligenten Algorithmen für den Vorschlag von neuen Songs und zu den Musikvorlieben des Hörers passenden Events investieren solle, ist Peter zunächst stutzig, da es nicht unmittelbar mit der Aufgabe seines Teams zusammenhängt. Er ist als Product Owner schließlich für den Erfolg des Teams zuständig. Glücklicherweise erinnert er sich an eine Uni-Vorlesung, in der es um wertorientierte Führung ging. Ein Blick in den Wertekatalog des Unternehmens genügt, denn dort steht geschrieben: Wir sind neugierig und trauen uns neue Dinge auszuprobieren. Die Entscheidung fällt hier nicht mehr schwer.

An diesem Beispiel sieht man, wie wichtig Werte für ein Team sein können. In traditionellen Unternehmen müsste Peter zunächst über mehrere Instanzen gehen, um eine derartige Entscheidung abzusegnen, doch da die Werte vom Top-Management vorgegeben wurden, kann er sich darauf berufen, das Richtige zu tun. In der Praxis können diese kurzen Entscheidungswege einen enormen Konkurrenzvorteil mit sich bringen. So kann man schnellstmöglich neue Erkenntnisse umsetzen und im Sinne von Scrum und anderen agilen Methoden testen.

Natürlich bringt dies einige Voraussetzungen mit sich, die erfüllt sein müssen. Wertorientierte Führung beginnt immer bei einem selber. Es ist wichtig, dass in jeder Situation Integrität gezeigt wird, das heißt, dass die festgeschriebenen Werte des Unternehmens auch im Alltag umgesetzt und vom Leader vorgelebt werden, um Orientierung zu schaffen (Küng et al. 2010, S. 3). Auch in Meetings oder Besprechungen sollte häufig auf die Unternehmenswerte verwiesen werden, damit jedem im Team deren Gültigkeit und Wichtigkeit bewusst ist und klar ist, dass man sein Handeln an diesen Artefakten ausrichten sollte.

Zusätzlich zum Vorleben und „Predigen" der Werte sollte ein guter Leader dafür sorgen, dass die Werte auch in geschriebener Form verfügbar sind, sodass einzelne Teammitglieder diese Dokumente zurate ziehen können, um bessere Entscheidungen zu treffen. Die Werte können in geschriebener Form zum Beispiel innerhalb eines „Code of Ethics" oder in „Grundprinzipien" verfügbar gemacht werden (Wieland 2014, S. 165).

Was Sie aus diesem *essential* mitnehmen können

- Reduzierte Hierarchien sind kein invariables, festes Konzept, es existiert keine „one size fits all"-Lösung.
- Reduzierte Hierarchien bestehen stattdessen in mannigfaltiger Form und sind stets im Wandel begriffen.
- Die detaillierte Funktionsweise des Scrum-Flows sowie seine Vor- und Nachteile
- Vertrauen, Umsicht, Flexibilität und Werte sind essentielle Erfolgsfaktoren in reduzierten Hierarchien.

© Springer Fachmedien Wiesbaden GmbH 2018

J. Jeromin et al., *Leadership in Organisationen mit reduzierten Hierarchien*, essentials, https://doi.org/10.1007/978-3-658-20190-6

Literatur

Ambler, S., & Holitza, M. (2012). *Agile for dummies*. San Jose: Wiley.

Bass, B. M. (1990). From transactional to transformational leadership: Learning to share the vision. *Organizational Dynamics, 18*(3), 19–31.

Burns, J. M. (2003). *Transforming leadership: A new pursuit of happiness*. New York: Grove.

Derby, E. (2012). Hiring is a team acitivity. 101 Ways. http://www.allaboutagile.com/hiring-is-a-team-activity/. Zugegriffen: 31. Aug. 2017.

Downton, J. V. (1973). *Rebel leadership: Commitment and charisma in the revolutionary process*. New York: Free Press.

Doyle, A. (2016). Management and organization at medium. 3 min read. https://blog.medium.com/management-and-organization-at-medium-2228cc9d93e9. Zugegriffen: 2. Sept. 2017.

Drucker, P. F. (2005). *The essential Drucker. Selections from the management works of Peter F. Drucker*. New York: Harper Business.

Fortune. (2009). 100 Best companies to work for 2009. http://archive.fortune.com/magazines/fortune/bestcompanies/2009/full_list/. Zugegriffen: 2. Sept. 2017.

Fortune. (2011). 100 Best companies to work for 2011. http://archive.fortune.com/magazines/fortune/bestcompanies/2011/full_list/. Zugegriffen: 2. Sept. 2017.

Fortune. (2015). 100 best companies to work for 2015. http://fortune.com/best-companies/2015/. Zugegriffen: 2. Sept. 2017.

Freeman, J. (1972). The tyranny of structurelessness. *Berkeley Journal of Sociology, 17*, 151–164.

Gloger, B. (2010). Scrum. *Informatik-Spektrum, 33*(2), 195–200.

Gloger, B. (2016). *Scrum. Produkte zuverlässig und schnell entwickeln* (5. Aufl.). München: Hanser.

Gloger, B., & Margetich, J. (Hrsg.). (2014). *Das Scrum-Prinzip. AgileOrganisationen aufbauen und gestalten*. Stuttgart: Schäffer-Poeschel.

Goll, J., & Hommel, D. (2015). *Mit Scrum zum gewünschten System*. Wiesbaden: Springer Fachmedien.

Goodman, M. (2015). How to build an employee-owned business. https://www.entrepreneur.com/article/241522. Zugegriffen: 2. Sept. 2017.

© Springer Fachmedien Wiesbaden GmbH 2018

J. Jeromin et al., *Leadership in Organisationen mit reduzierten Hierarchien*, essentials, https://doi.org/10.1007/978-3-658-20190-6

Hanser, E. (2010). *Agile Prozesse. Von XP über Scrum bis MAP*. Heidelberg: Springer Fachmedien.

HolacracyOne. (2015). Holacracy Constitution v4.1. http://www.holacracy.org/wp-content/uploads/2015/07/Holacracy-Constitution-v4.1.pdf. Zugegriffen: 2. Sept. 2017.

HolacracyOne. (2016a). FAQ von HolocracyOne. http://wiki.holacracy.org/index.php?title=FAQ. Zugegriffen: 2. Sept. 2017.

HolacracyOne. (2016b). Unternehmensdiagramm. https://app.glassfrog.com/organizations/5. Zugegriffen: 4. Sept. 2017.

Holl, Y. (2011). Wo alle Chef sind. *Vorwärts*. https://www.vorwaerts.de/artikel/alle-chef. Zugegriffen: 2. Sept. 2017.

Kastelle, T. (2013). Macht jeden zum Chef! *Harvard Business Manager*. http://www.harvard-businessmanager.de/blogs/management-flache-strukturen-sind-ratsam-a-937567.html. Zugegriffen: 31. Aug. 2017.

Koganti, S. (2014). A brief history of the servant leader. Scrum Alliance. https://www.scrumalliance.org/community/articles/2014/august/the-art-and-science-of-servant-leader. Zugegriffen: 31. Aug. 2017.

Komus, A. (2013). Agile Methoden in der Praxis – Studie zur Anwendung und Zufriedenheit. *HMD Praxis der Wirtschaftsinformatik, 50*(2), 84–91.

Kraemer, H. M. (2011). *From values to action: The four principles of values-based leadership*. San Francisco: Jossey-Bass.

Küng, H., Leisinger, K. M., & Wieland, J. (2010). *Manifest globales Wirtschaftsethos*. München: Deutscher Taschenbuch Verlag.

Laloux, F. (2014). *Reinventing organizations: A guide to creating organizations inspired by the next stage in human consciousness*. Brüssel: Nelson Parker.

Laloux, F. (2015). The future of management is teal. *strategy+business*, 68–79.

Laloux, F. (2016). Download & pay what feels right. http://www.reinventingorganizations.com/pay-what-feels-right.html. Zugegriffen: 4. Sept. 2017.

Lübbermann, U. (2015). Konsensdemokratie in Unternehmen. https://www.youtube.com/watch?v=KUMJdbw0498. Zugegriffen: 4. Sept. 2017.

Margetich, J. (2014). Teil II: Scrum. In B. Gloger & J. Margetich (Hrsg.), *Das Scrum-Prinzip. Agile Organisationen aufbauen und gestalten* (S. 45–103). Stuttgart: Schäffer-Poeschel.

Maximini, D. (2013). *Scrum – Einführung in der Unternehmenspraxis. Von starren Strukturen zu agilen Kulturen*. Berlin: Springer.

mm1 Consulting & Management PartG. (2016). Scrum according to mm1. http://mm1.de/download-seite-scrum-und-scrumban/. Zugegriffen: 31. Aug. 2017.

Nizker, E. (2008). 7 agile leadership lessons for the suits. CIO. http://www.cio.com/article/2433819/agile-development/7-agile-leadership-lessons-for-the-suits.html. Zugegriffen: 31. Aug. 2017.

Pauleweit, S. (2016). Agilität ist mehr als Softwareentwicklung und agile Methoden. Für André Häusling ist HR der Katalysator der agilen Transformation. Ein Interview über Deutschlands Stand in Sachen Agilität, Kompetenzen und Buzzwords. *Human Resources Manager*. http://www.humanresourcesmanager.de/ressorts/artikel/agilitaet-ist-mehr-als-softwareentwicklung-und-agile-methoden-348110036. Zugegriffen: 15. Jan. 2017.

Premium. (2016). Geschichte des Projekts. Premium Cola. https://www.premium-cola.de/betriebssystem/system-geschichte. Zugegriffen: 31. Aug. 2017.

Ramge, T. (2015). Nicht fragen. Machen. *brand eins*. https://www.brandeins.de/archiv/2015/fuehrung/spotify-nicht-fragen-machen/. Zugegriffen: 31. Aug. 2017.

Reingold, J. (2016). How a radical shift left Zappos reeling. Fortune.com. http://fortune.com/zappos-tony-hsieh-holacracy/. Zugegriffen: 31. Aug. 2017.

Robertson, B. (2015). Holacracy: A radical new approach to management. https://www.youtube.com/watch?v=tJxfJGo-vkI. Zugegriffen: 2. Sept. 2017.

Roock, S., & Wolf, H. (2016). *Scrum – Verstehen und erfolgreich einsetzen*. Heidelberg: dpunkt.

Schwaber, K. & Sutherland, J. (2016). Der Scrum Guide. Der gültige Leitfaden für Scrum: Die Spielregeln. ScrumGuides.org. http://www.scrumguides.org/download.html. Zugegriffen: 31. Aug. 2017.

Stacey, R. D. (2001). *Complex responsive processes in organizations. Learning and knowledge creation*. London: Routledge.

Waters, K. (4. February 2007). Agile principle 2: Agile development teams must be empowered. 101 ways. http://www.101ways.com/agile-principle-2-agile-development-teams-must-be-empowered/. Zugegriffen: 31. Aug. 2017.

Werner, K. & Zepelin, J. von. (2016). Traumfabriken der neuen Arbeitswelt. *Capital.* http://www.capital.de/dasmagazin/die-traumfabriken-der-neuen-arbeitswelt.html. Zugegriffen: 2. Sept. 2017.

Wieland, J. (2014). *Governance ethics. Global value creation, economic organization and normativity*. Cham: Springer.

Wieland, J. (2016). *Vorlesungsreihe ‚Leadership' für Masterstudiengänge Spring 2016*. Friedrichshafen: Zeppelin Universität.

Wilber, K. (2000). *Integral psychology: Consciousness, spirit, psychology, therapy*. Boston: Shambhala.

Willink, J., & Babin, L. (2015). *Extreme ownership: How U.S. Navy SEALs lead and win*. New York: St. Martin's.